Britta Kienle

Kartenlegen leicht erlernbar

nach Art der Madame Lenormand

Kombinationen auf einen Blick

BriKa

Herstellung:
Books on Demand GmbH, Norderstedt

ISBN: 978-3-936568356

www.brika-verlag.de
Brigitte Kienle

Liebe Leserin, lieber Leser,
das vorliegende Lehrbuch bietet Ihnen einen Leitfaden für den professionellen Umgang mit Karten. Jeder Mensch ist ein Individuum. Dies bedeutet unter anderem, dass jede/r Kartenleger/in im Laufe der Zeit sein oder ihr persönliches System entwickeln wird. So gibt es kein allgemein gültiges Rezept, wie oder womit Sie Ihre Beratungen durchführen können.
Daher kann seitens des Verlages oder der Autorin für sich eventuell ergebende Fehlinterpretationen oder Fehlberatungen seitens der Leserschaft keine Verantwortung übernommen werden.

Vorwort

Liebe Leserinnen und Leser,

Kombinationen sind feststehende Verbindungen von Karten untereinander, die in ganz bestimmter Art und Weise gedeutet werden müssen.
Werden diese Kartenkonstellationen bei der Interpretation übersehen – und das geschieht innerhalb eines großen Kartenbildes unglücklicherweise nur allzu leicht – so sind Fehldeutungen quasi vorprogrammiert.

Kombinationen auf einen Blick - ein bereits vielfach bewährtes Hilfsmittel - erleichtert Ihnen den Umgang mit dem großen Kartenbild und bringt Ihnen die Freude am Kartenlegen zurück.
Vergessen Sie tristes Auswendiglernen! Wie in allen Bereichen des Lebens, so macht auch hier Übung den Meister.

Mit Hilfe des vorliegenden Lehr- und Nachschlagewerkes werden Sie bereits innerhalb kurzer Zeit die notwendigen Kombinationen sicher beherrschen und somit ein vollständiges großes Tableau sicher und flüssig deuten können.

Ihre Britta

Inhaltsverzeichnis

Was sind Kombinationen?

Wie Sie aus dem bisher Gelernten wissen, deuten Sie ein Kartenbild normalerweise der Reihe nach Karte für Karte.

Dabei werden die einzelnen Aussagen der jeweiligen Karten zu einer sinnvollen Interpretation zusammengefasst.
Zwei, drei, zuweilen auch mehrere Karten können aber auch gemeinsam für eine bestimmte Aussage stehen.
Diese Kartenkonstellationen nennt man Kombinationen.
Bei der Interpretation der Kombinationen können die Karten sowohl in waagrechter, senkrechter als auch in diagonaler Reihenfolge liegen.
Manche Kombinationen, wie das unten stehende Beispiel, können mit etwas Intuition ohne größere Schwierigkeiten erkannt werden. Andere sind jedoch etwas schwieriger nachzuvollziehen. In derartigen Situationen muss dann zuweilen auch ein wenig „um die Ecke gedacht" werden, was allerdings mit Hilfe des vorliegenden Bandes nicht allzu schwer fallen sollte.

Beispiele:

Nr. 4 Haus (häuslich) + **Nr. 17 Storch** (Veränderung)

➢ *Es kommt zu einer Veränderung im häuslichen Bereich.*

Wenn Sie nun Ihre Intuition befragen, werden Sie sicherlich schnell auf ***Renovierung*** oder ***Umzug*** kommen.

Die folgende Kombination ist bereits ein wenig komplexer:

Nr. 4 Haus + Nr. 17 Storch + Nr. 31 Sonne

(Umzug/ Renovierung) (positiv, Sommer, sonnig, Süden)

kombiniert zu Renovierung/ Umzug mit: Positiv, Sommer, sonnig, Süden

Aus dieser Konstellation ergeben sich nun die folgenden Kombinationsmöglichkeiten:

- Erfolgreiche Renovierung
- Renovierung im Sommer
- Umzug wird positiv
- Umzug im Sommer
- Umzug in eine sonnige Wohnung
- Umzug in den Süden (auch: in südliche Richtung)

Welche dieser Möglichkeiten nun tatsächlich auf die Situation zutrifft, muss individuell entschieden werden. Dabei sind Kartenbild und Fragestellung des Kunden ausschlaggebend.

Tipp:

Fragen Sie die Person, für die Sie die Karten legen, wenn Sie sich Ihrer Sache einmal unsicher sind.

Beispiele für mögliche Fragen:

- *Planen Sie vielleicht eine räumliche Veränderung?*

oder merken Sie an:

- *Ich sehe eine Renovierung oder einen Umzug.*

Tipp: Versetzen Sie sich in die Situation Ihres Gegenübers und beschränken Sie Ihre Fragen auf ein Minimum.

Nr. 36 Kreuz (Zukunft) + **Nr. 24. Herz** (Liebe)

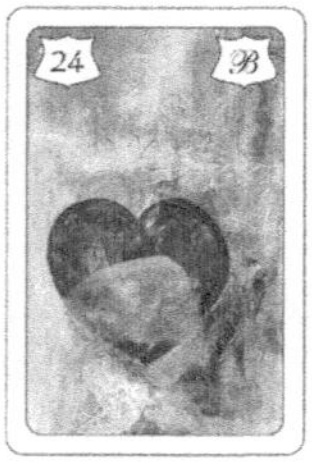

- *In der Zukunft wird eine neue Liebe auf Sie zu kommen – zukünftige Liebe.*

Wir ziehen zu dieser *feststehenden Kombination* noch eine Karte und interpretieren die 3 Karten gemeinsam:

Nr. 36 Kreuz + Nr. 24. Herz + Nr. 9 Blumen

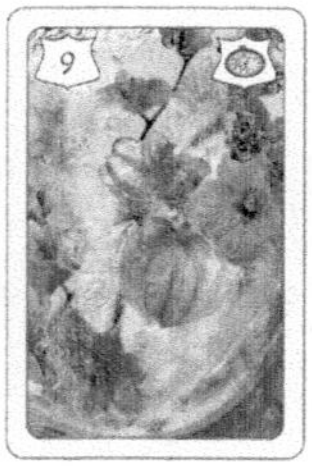

(zukünftige Liebe) (großes Glück)

- *In der Zukunft wird die ganz große Liebe auf Sie zukommen!*

Denken Sie bei feststehenden Kombinationen bitte immer daran, in den jeweiligen Deutungslinien, waagrecht, senkrecht oder diagonal, zu bleiben und nicht von einer Linie auf eine andere über zu springen!

Ein weiteres Beispiel – diagonale Deutungslinie:

Nr. 24 Herz (Liebe) + **Nr. 27 Brief** (Nachricht)

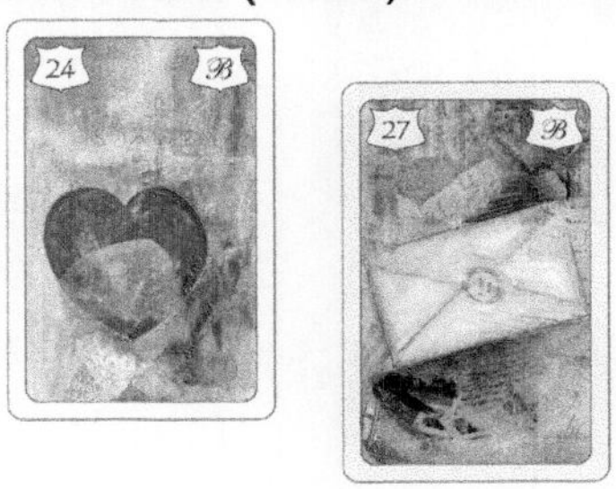

➢ *Man bekommt eine Liebesnachricht.*

Wir ziehen zu dieser *feststehenden Kombination* noch eine Karte und interpretieren diese 3 Karten gemeinsam:

Nr. 24 Herz + Nr. 27 Brief + Nr. 23 Ratte
(Liebesnachricht) (Verlust)

➢ *Man bekommt eine Nachricht in einer Liebes - Angelegenheit, die Verluste mit sich bringt.*

Nr. 19 Turm + Nr. 10 Sense + Nr. 9 Blumen

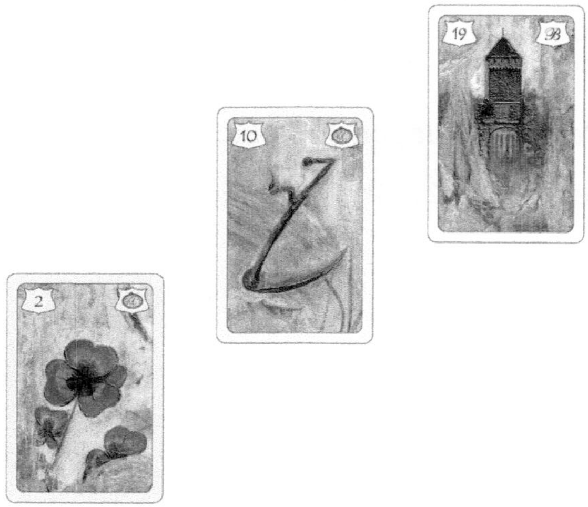

(Kündigung) (großes Glück)

- *Auf eine Kündigung folgt wieder das Glück.*

Tipp:

Innerhalb eines großem Kartenbildes (Tableau) kann es durchaus vorkommen, dass feststehende Kombinationen, wie die vorausgegangenen, durch eine oder mehrere Karten unterbrochen sind.
Lassen Sie sich von den dazwischen liegenden Karten nicht irritieren und beachten Sie die Kombinationen auch in einem derartigen Fall!

Beispiel für eine von 2 weiteren Karten unterbrochene Kombination:

diagonale Deutungslinie nach links

Kombination: **Nr. 4 Haus + Nr. 17 Storch**

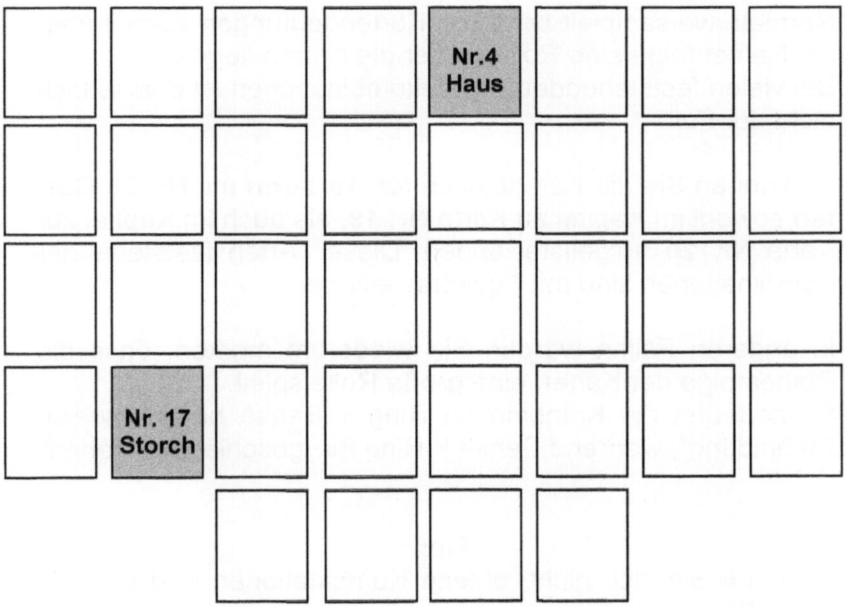

Kombination: **Nr. 4 Haus + Nr. 17 Storch**

- *Es wird zu einem Umzug oder einer Renovierung kommen.*

Zur Arbeit mit diesem Buch:

Wundern Sie sich nicht, wenn einige Kombinationsmöglichkeiten mehrfach aufzutreten scheinen.

Achtung:

Normalerweise spielt bei Ihren Kartendeutungen auch immer die Reihenfolge eine Rolle, in der die Karten liegen.
Bei vielen feststehenden Kartenkombinationen ist dies jedoch nicht der Fall.

So können Sie die Kombination **Nr. 19 Turm** mit **Nr. 20 Garten** sowohl im Kapitel zu Karte **Nr. 19**, als auch im Kapitel zur Karte **Nr. 20** aufgelistet finden. Diese Arten feststehender Kombinationen sind mit * gekennzeichnet.

In anderen Fällen werden Sie wiederum merken, dass die Reihenfolge der Karten eine große Rolle spielt.
So bedeutet die Kombination Ring + Sense beispielsweise „Scheidung“, während Sense + Ring für „geschieden“ stehen.

Tipp:

Scheuen Sie sich nicht, eigene Kombinationen in die Listen mit aufzunehmen!
Am Ende einer jeder Themenkarte haben Sie die Möglichkeit, die Liste der möglichen Kombinationen durch eigene Ideen und Erfahrungswerte zu erweitern.

Kombinationen mit der Karte
Nr. 4 Haus

Nr. 4 Haus **Nr. 17 Storch**	Veränderung im Wohnbereich ***oder*** Umzug
Nr. 4 Haus **Nr. 17 Storch** **Nr. 31 Sonne**	Wohnungswechsel in den Süden bzw. im Sommer ***oder*** man zieht in eine sonnige Wohnung ***oder*** positiver Umzug / Renovierung
Nr. 5 Baum **Nr. 4 Haus**	Eigentum
Nr. 4 Haus **Nr. 25 Ring**	Mietvertrag
Nr. 5 Baum **Nr. 4 Haus** **Nr. 17 Storch** **Nr. 31 Sonne**	Eigentum: Man zieht in den Süden bzw. in eine sonnige Gegend bzw. Südseite, baut oder kauft ein Heim im Süden

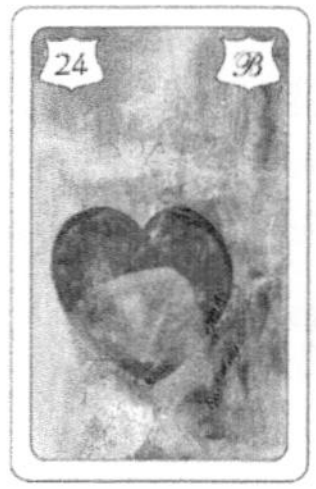

Kombinationen mit der Karte
Nr. 24 Herz

Nr. 26 Buch **Nr. 24 Herz**	Geheime Liebe ***oder*** es kommt eine neue Liebe
Nr. 33 Schlüssel **Nr. 24 Herz**	Intensive Liebe (Art der Ausführung)
Nr. 29 Frau **Nr. 24 Herz** **Nr. 18 Hund** **Nr. 33 Schlüssel**	Intensive Liebe mit jüngerem Geliebten der Frau
Nr. 29 Frau **Nr. 24 Herz** **Nr. 15 Bär** **Nr. 33 Schlüssel**	Intensive Liebe mit älterem Geliebten der Frau
Nr. 36 Kreuz **Nr. 24 Herz**	Neue Liebe
Nr. 23 Ratte **Nr. 24 Herz**	Nach Enttäuschung kommt die Liebe wieder

Nr. 15 Bär **Nr. 24 Herz** **(PK)** **Nr. 33 Schlüssel** **PK (z.B. Nr. 13, Nr. 7)**	Intensive Liebe eines älteren Mannes zu seiner Geliebten
Nr. 18 Hund **Nr. 24 Herz** **(PK)** **Nr. 33 Schlüssel** **PK (z.B. Nr. 13, Nr. 7)**	Intensive Liebe eines jüngeren Mannes zu seiner Geliebten
Nr. 15 Bär **Nr. 24 Herz** **Nr. 16 Sterne** **Nr. 33 Schlüssel**	Intensive/ romantische Liebe eines älteren Mannes
Nr. 18 Hund **Nr. 24 Herz** **Nr. 16 Sterne** **Nr. 33 Schlüssel**	Intensive/ romantische Liebe eines jüngeren Mannes
Nr. 28 Mann **Nr. 24 Herz** **Nr. 13 Kind** **Nr. 33 Schlüssel**	Intensive Liebe mit der jüngeren Geliebten des Mannes
Nr. 28 Mann **Nr. 24 Herz** **Nr. 7 Schlange** **Nr. 33 Schlüssel**	Intensive Liebe mit dem älteren Geliebten des Mannes

Nr. 24 Herz **Nr. 23 Ratte**	Angst vor der Liebe, Angst vor erneuter Enttäuschung
Nr. 13 Kind **Nr. 24 Herz** **Nr. 33 Schlüssel** **PK (z.B. Nr. 15, Nr. 18)**	Intensive Liebe einer jüngeren Frau zu ihrem Geliebten (PK)
Nr. 7 Schlange **Nr. 24 Herz** **Nr. 33 Schlüssel** **PK (z.B. Nr. 15, Nr. 18)**	Intensive Liebe einer älteren Frau zu ihrem Geliebten (PK)
PK (Personenkarte) **Nr. 13 Kind** **Nr. 24 Herz**	Der/ die Fragende liebt sein/ ihr Kind
Nr. 5 Baum (familiär) **Nr. 13 Kind** **Nr. 24 Herz**	Der/ die Fragende liebt sein/ ihr Kind
Nr. 28 Mann **Nr. 24 Herz** **Nr. 11 Rute**	Dieser Mann streitet, er ist eifersüchtig
Nr. 29 Frau **Nr. 24 Herz** **Nr. 11 Rute**	Diese Frau streitet, sie ist eifersüchtig
PK **Nr. 24 Herz** **PK (z.B. Nr. 7, Nr. 13)**	Die Partner lieben sich

Nr. 24 Herz **Nr. 14 Fuchs** **Nr. 23 Ratte**	Man wird in der Liebe betrogen und hintergangen bzw. man glaubt dem Partner nicht
Nr. 34 Fische **Nr. 24 Herz** **Nr. 23 Ratte**	Man wird in der Liebe materiell ausgenützt
Nr. 24 Herz **Nr. 6 Wolken** **Nr. 14 Fuchs**	Unklarheiten / Unwahrheiten in der Liebe
Nr. 24 Herz **Nr. 6 Wolken** **Nr. 12 Vögel** **Nr. 9 Blumen**	Diese Liebe ist unklar und verwirrend, man muss sich sehr bemühen, danach kommt das große Glück
PK (z.B. Nr. 15, Nr. 18) **Nr. 24 Herz** **PK (z.B. Nr. 7, Nr. 13)**	Die Partner lieben sich
PK (z.B. Nr. 15, Nr. 18) **Nr. 35 Anker** **Nr. 24 Herz** **PK (z.B. Nr. 7, Nr. 13)**	Karmische Liebe
PK (z.B. Nr. 15, Nr. 18) **Nr. 24 Herz** **Nr. 33 Schlüssel** **PK (z.B. Nr. 7, Nr. 13)**	Die Partner lieben sich intensiv

PK (z.B. Nr. 15, Nr. 18) **Nr. 24 Herz** ***Nr. 30 Lilie** **PK (z.B. Nr. 7, Nr. 13)**	Eine erotische Liebe zwischen den Partnern
PK (z.B. Nr. 15, Nr. 18) **Nr. 24 Herz** *** Nr. 30 Lilie** **Nr. 33 Schlüssel** **PK (z.B. Nr. 7, Nr. 13)**	Eine große, intensive erotische Liebe zwischen den Partnern
Nr. 24 Herz **Nr. 9 Blumen** **Nr. 10 Sense**	Eine große Liebe wird beendet
PK (z.B. Nr. 13, Nr. 7) **Nr. 35 Anker** **Nr. 24 Herz**	Diese Person empfindet eine tiefe Liebe **oder** diese Liebe ist karmisch
Nr. 35 Anker **Nr. 24 Herz** **Nr. 32 Mond**	Eine tiefe und länger andauernde gefühlsvolle Liebe
PK (z.B. Nr. 15, Nr. 18) **Nr. 35 Anker** **Nr. 24 Herz** **Nr. 32 Mond**	karmische, tiefe und gefühlsvolle Liebe

 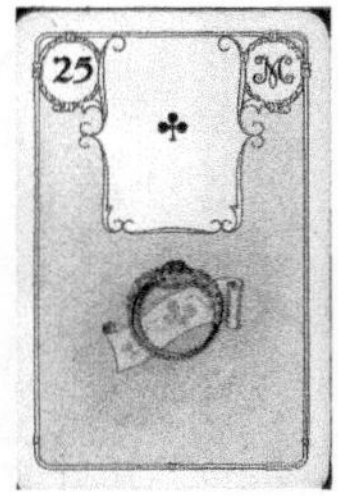

Kombinationen mit der Karte
Nr. 25 Ring

Nr. 36 Kreuz **Nr. 25 Ring**	In der Zukunft eine neue Ehe
Nr. 5 Baum **Nr. 25 Ring**	Man erlebt noch eine neue Ehe
Nr. 5 Baum **Nr. 35 Anker** **Nr. 25 Ring**	Man erlebt noch eine neue **oder** (karmische) Ehe
Nr. 25 Ring **Nr. 17 Storch**	Veränderung in der Ehe
Nr. 25 Ring **Nr. 22 Weg** **Nr. 25 Ring** **Nr. 17 Storch**	Jeder geht seiner Wege (Trennung) In der Ehe gibt es eine Veränderung
Nr. 25 Ring **Nr. 10 Sense**	Scheidung
	Achtung!
Nr. 10 Sense **Nr. 25 Ring**	Geschieden

Nr. 25 Ring **Nr. 17 Storch** **Nr. 23 Ratte**	Negative Veränderung in der Ehe
Nr. 25 Ring **Nr. 16 Sterne** **Nr. 23 Ratte**	Man leidet in der Ehe solange, bis man die Angst vor einer Trennung überwunden hat
Nr. 25 Ring **Nr. 8 Sarg**	Die Ehe macht krank **aber**
Nr. 25 Ring **Nr. 8 Sarg**	Wichtig: Liegt Nr. 8 als letzte Karte einer Deutungslinie, bleibt die Ehe bis zum Tod *bestehen*
Nr. 25 Ring **Nr. 11 Rute**	Streit in der Ehe
Nr. 25 Ring **Nr. 11 Rute** **Nr. 33 Schlüssel**	Streitereien, die mit Schlägen einhergehen können
Nr. 25 Ring **Nr. 9 Blumen**	Zusammenleben **oder** Hochzeit
PK **Nr. 34 Fische** **Nr. 27 Brief** **Nr. 25 Ring**	Vor der Ehe wird des Geldes wegen ein Ehevertrag geschlossen

Nr. 27 Brief **Nr. 25 Ring** **Nr. 33 Schlüssel**	Ehevertrag
Nr. 27 Brief **Nr. 25 Ring** **Nr. 9 Blumen**	Heiratsantrag
Nr. 26 Buch **Nr. 25 Ring**	Neue Partnerschaft kommt **oder** Geheimnis in der Partnerschaft
Nr. 25 Ring **Nr. 12 Vögel** **Nr. 14 Fuchs**	Die Verbindung bringt Probleme und Intrigen
Nr. 14 Fuchs **Nr. 25 Ring**	Ein Partner vertraut dem anderen nicht mehr
Nr. 29 Frau **Nr. 25 Ring** **Nr. 23 Ratte**	Sie leidet in der Ehe

Kombinationen mit der Karte
Nr. 34 Fische

Nr. 34 Fische **Nr. 8 Sarg**	Geldprobleme
Nr. 9 Blumen **Nr. 34 Fische**	Geldgewinn
Nr. 34 Fische **Nr. 8 Sarg** **Nr. 14 Fuchs**	**Vorsicht**! in Geldangelegenheiten
Nr. 34 Fische **Nr. 16 Sterne**	Man gibt Geld für Astrologie und Wahrsagen aus
Nr. 34 Fische **Nr. 23 Ratte** **Nr. 24 Herz**	Geldverlust reguliert sich wieder
Nr. 34 Fische **Nr. 14 Fuchs** **Nr. 23 Ratte**	**Vorsicht** vor Betrug!

Nr. 34 Fische **Nr. 8 Sarg** **Nr. 23 Ratte**	Sehr große Geldprobleme
PK **Nr. 1 Reiter** **Nr. 34 Fische**	Spricht gerne über das Geld
Nr. 34 Fische **Nr. 6 Wolken**	Achten Sie auf Ihr Geld! Geld fließt weg
PK **Nr. 34 Fische** **Nr. 9 Blumen** **Nr. 8 Sarg** **Nr. 23 Ratte**	Aufpassen, sonst geht eventuell eine Erbschaft verloren!
Nr. 9 Blumen **Nr. 34 Fische**	Glück im Umgang mit Geld, Gewinn
Nr. 23 Ratte **Nr. 34 Fische** **Nr. 11 Rute** **Nr. 33 Schlüssel**	Ärger wegen großer Zahlungsschwierigkeiten
Nr. 16 Sterne **Nr. 34 Fische** **Nr. 9 Blumen** **Nr. 27 Brief**	Großer Geldgewinn, bzw. durch Intuition kommt man zu Geld
Nr. 36 Kreuz **Nr. 34 Fische**	In der Zukunft kommt Geld

Nr. 34 Fische **Nr. 27 Brief** **Nr. 23 Ratte**	Vorsicht mit Verträgen, sonst droht großer Verlust!
Nr. 26 Buch **Nr. 34 Fische**	Geheimes Geld
Nr. 34 Fische **Nr. 27 Brief** **Nr. 14 Fuchs** **Nr. 23 Ratte**	Großer Betrug, Vertragsbruch
Nr. 26 Buch **Nr. 35 Anker** **Nr. 34 Fische**	Geheimes Geld im Ausland
Nr. 34 Fische **Nr. 32 Mond** **Nr. 33 Schlüssel**	Tätigkeiten am Abend
Nr. 30 Lilie **Nr. 14 Fuchs** **Nr. 34 Fische**	Diese Person ist Geldgierig oder geizig
Nr. 34 Fische **Nr. 21 Berg** **Nr. 23 Ratte**	**Achtung!** Die finanzielle Lage ist belastend
Nr. 34 Fische **Nr. 16 Sterne** **Nr. 6 Wolken** ***Nr. 20 Garten**	Verlust beim Glücksspiel oder durch Börsenspekulationen

Nr. 34 Fische **Nr. 27 Brief** **Nr. 25 Ring**	Vertrag (Geld)
Nr. 34 Fische **Nr. 32 Mond** **Nr. 22 Wege**	Achten Sie bei einer finanziellen Entscheidung auch auf Ihr Gefühl!
Nr. 34 Fische **Nr. 16 Sterne** **Nr. 9 Blumen** ***Nr. 20 Garten**	Gewinn durch Glücksspiel oder Börsenspekulationen
Nr. 34 Fische **Nr. 6 Wolken** **Nr. 32 Mond** **Nr. 22 Wege**	Entscheidungen sollen überschlafen werden
Nr. 5 Baum **Nr. 34 Kreuz** **Nr. 34 Fische** **Nr. 2 Klee**	Beständige Geldeinnahme

Kombinationen mit der Karte
Nr. 19 Turm

Nr. 27 Brief **Nr. 25 Ring** **Nr. 19 Turm**	Arbeitsvertrag
Nr. 19 Turm **Nr. 26 Buch** **Nr. 23 Ratte**	Prüfung in Gefahr
Nr. 19 Turm **Nr. 27 Brief** **Nr. 24 Herz**	Bewerbung verläuft positiv
Nr. 5 Baum **Nr. 19 Turm** **Nr. 10 Sense** **Nr. 8 Sarg**	Arbeitsunfall
Nr. 19 Turm **Nr. 10 Sense** **Nr. 9 Blumen**	Nach dem Verlust der Arbeit kehrt. das Glück zurück

Nr. 19 Turm **Nr. 23 Ratte**	Verlust der Arbeitsstelle
Nr. 19 Turm **Nr. 23 Ratte**	Verlust der Arbeitsstelle
Nr. 19 Turm **Nr. 8 Sarg** **Nr. 12 Vögel**	Berufliche Schwierigkeiten
***Nr. 19 Turm** **Nr. 4 Haus** **Nr. 33 Schlüssel**	Bauunternehmen (alles, was mit Häusern in Verbindung steht)
PK **Nr. 19 Turm** **Nr. 8 Sarg** **Nr. 34 Fische**	 Rentner
Nr. 19 Turm **Nr. 10 Sense**	Die Arbeit wird beendet
***PK** **Nr. 19 Turm** **Nr. 14 Fuchs** **Nr. 3 Schiff**	Diese Person ist arbeitsscheu oder drückt sich vor der Arbeit
Nr. 19 Turm **Nr. 16 Sterne** **Nr. 20 Garten** **Nr. 33 Schlüssel**	Arbeit in der Gastronomie

Nr. 19 Turm **Nr. 16 Sterne**	Wahrsagen, Astrologie, Musiker, auch Künstler
Nr. 19 Turm ***Nr. 20 Garten** **Nr. 34 Fische**	Bank
Nr. 19 Turm **Nr. 20 Garten** **Nr. 34 Fische** **Nr. 14 Fuchs**	Finanzamt
Nr. 19 Turm **Nr. 26 Buch** **Nr. 33 Schlüssel**	Berufe mit Wissen
Nr. 19 Turm **Nr. 26 Buch** **Nr. 23 Ratte**	Man muss noch Wissen sammeln (Verlust **oder** Angst behindert das Handeln)
Nr. 19 Turm **Nr. 25 Ring**	Arbeitsvertrag
***Nr. 19 Turm** **Nr. 27 Brief**	Schreibarbeiten, Telefon, Fax usw.
***Nr. 19 Turm** **Nr. 20 Garten** **Nr. 6 Wolken**	Gefängnis

***Nr. 19 Turm**	Gefängnis
Nr. 20 Garten	für kurze Zeit
Nr. 6 Wolken	
Nr. 2 Klee	
Nr. 19 Turm	Altenheim
Nr. 20 Garten	
Nr. 4 Haus	
Nr. 8 Sarg	
Nr. 19 Turm	Kirche
Nr. 20 Garten	
Nr. 36 Kreuz	

Berufsbezeichnungen
in Verbindung mit der Karte
Nr. 19 Turm:

Nr. 19 Turm **Nr. 1 Reiter**	Beruf mit Menschen **oder:** Berufe, die mit Sprechen oder Sprache zu tun haben
Nr. 19 Turm **Nr. 3 Schiff**	Vertreter, Handelsreisender, Dienstreise **oder** Reisebüro
Nr. 19 Turm **Nr. 4 Haus**	Arbeit überwiegend im häuslichen Bereich
***Nr. 19 Turm** **Nr. 4 Haus** **Nr. 33 Schlüssel**	Immobilien **oder** Bauunternehmer (alles, was mit Häusern in Verbindung steht)
Nr. 19 Turm **Nr. 8 Sarg** **Nr. 19 Turm** **Nr. 13 Kind oder** **Nr. 18 Hund**	Arzt, Krankenpfleger/ in Heilpraktiker, Heilberufe, Arbeit mit Kindern, Kindergarten, Tagheim usw.

Nr. 19 Turm **Nr. 33 Schlüssel**	Handwerkliche Arbeit
Nr. 19 Turm **Nr. 16 Sterne** **Nr. 32 Mond**	Lebensberatung **oder** Psychotherapeut, Beruf im seelischen Bereich
Nr. 19 Turm ***Nr. 20 Garten**	Arbeit in einem Amt **oder** in der Öffentlichkeit
Nr. 19 Turm **Nr. 20 Garten** **Nr. 8 Sarg** **Nr. 24 Herz**	Arbeit als Helfer **oder** Berater **z.B.** kranke Menschen mit Liebe umsorgen
Nr. 19 Turm **Nr. 21 Berg**	Schwerstarbeit
Nr. 19 Turm **Nr. 26 Buch**	Student, Professor usw.
***Nr. 19 Turm** **Nr. 27 Brief**	Bürotätigkeit z.B. Sekretärin, Bürokauffrau usw.
Nr. 19 Turm **Nr. 32 Mond**	Nachtschicht
Nr. 19 Turm **Nr. 20 Garten** **Nr. 34 Fische**	Arbeit bei der Bank mit Finanzen **oder** mit Versicherungen
Nr. 19 Turm **Nr. 35 Anker**	Arbeit im Ausland

Kombinationen mit den Karten
Nr. 8 Sarg + Nr. 23 Ratte

Gesundheits- /Krankheitskombinationen
Die Krankheiten werden mit den Karten **Nr. 8 Sarg** und **Nr. 23 Ratte** angezeigt.

Da es sich bei den Krankheitskarten um Kombinationen handelt, können auch diese Karten in **waagrechter, senkrechter** oder **diagonaler** Verbindung zueinander stehen und brauchen **lediglich Kontakt** miteinander zu haben.

Gesundheit / Krankheiten / Warnkarten

Wichtiger Hinweis:

Bitte lesen Sie diese Lektion gut durch, und **beachten** Sie ganz besonders meine **Bemerkungen** zu diesem Thema.
Wenden Sie die **Krankheitskombinationen** bitte nur an, wenn Sie sich Ihrer Sache vollkommen sicher sind und auch die Kombinationen allesamt quasi im Schlaf beherrschen.
Sollten Sie auch nur die leisesten Zweifel hegen, so vermeiden Sie eine präzisere Aussage und weisen Sie lediglich auf Ihren Verdacht einer angeschlagenen Gesundheit hin.
Haken Sie gegebenenfalls lieber noch einmal nach und fragen Sie Ihre Kundschaft, ob es dort jemals Probleme mit Leber, Galle, Rücken... oder ähnlichen Körperteilen gab, die Sie im Kartenbild zu erkennen glauben.
Stimmt man Ihnen zu, könnten Sie anregen, diesen Bereich noch einmal genauer untersuchen zu lassen, da Sie meinen, hier einige Beschwerden zu erkennen.

Bedenken Sie bitte:
Selbst Krankenschwestern und –Pfleger mit langjähriger Berufserfahrung dürfen in unserem Land keine Diagnosen stellen, da durch eine falsche Vermutung großer Schaden erstehen kann.

Versetzen Sie Ihre Mitmenschen also bitte nicht unnötig in Panik!

Auch **private Probleme** stellen stets einen besonders heiklen Themenbereich dar und Aussagen hierzu könnten rasch als unerwünschte Einmischung verstanden werden.
Respektieren Sie in diesem Fall die Wünsche Ihres Gegenübers und machen Sie keine Aussagen zu einem Thema, über das der Andere nichts hören oder wissen möchte.
Dies könnte etwa Krankheiten in der Familie oder im Freundeskreis betreffen, oder auch Ehe- und Beziehungsprobleme aller Art.

Krankheitskombinationen

Nr. 1 Reiter **Nr. 8 Sarg**	Kontaktangst, Halsschmerzen, Bronchien
Nr. 2 Klee **Nr. 8 Sarg**	Nerven, Einsamkeit
Nr. 3 Schiff **Nr. 8 Sarg**	Reiseunverträglichkeit
Nr. 4 Haus **Nr. 8 Sarg**	Im häuslichen Bereich fühlt man sich krank
Nr. 5 Baum **Nr. 8 Sarg**	Immunsystem, **Lebensängste**
Nr. 6 Wolken **Nr. 8 Sarg**	Durchblutung, Augen
Nr. 9 Blumen **Nr. 8 Sarg**	Allergien

Nr. 10 Sense **Nr. 8 Sarg**	**Achtung:** Plötzliche Erkrankung, Schnitt, Operation oder Eingriff, (Spritze oder…)
Nr. 23 Ratte **Nr. 10 Sense** **Nr. 8 Sarg**	**Achtung:** Magenerkrankungen Darmerkrankungen, Geschwür, evtl. Operation

Wichtig:
Liegt nach diesen Kombinationen eine positive Karte z.B. Sonne, Klee, Blumenstrauß usw., so wird alles gut ausgehen und der/ die Kranke wird wieder genesen.

Nr. 11 Rute **Nr. 8 Sarg**	Leber, Galle
Nr. 12 Vögel **Nr. 8 Sarg**	Kopfschmerzen, Nebenhöhlen
Nr. 23 Ratte **Nr. 12 Vögel** **Nr. 8 Sarg**	Sehr starke Kopfschmerzen oder Migräne
Nr. 12 Vögel **Nr. 23 Ratte**	Zu viele negative Gedanken schlagen auf den Magen
Nr. 14 Fuchs **Nr. 8 Sarg**	Chronische Krankheiten
Nr. 23 Ratte **Nr. 14 Fuchs**	Chronische Erkrankungen evtl. auch Krebsgefahr

Nr. 8 Sarg **Nr. 23 Ratte**	Magenerkrankungen Darmerkrankungen
Nr. 16 Sterne **Nr. 8 Sarg**	Depressiv, seelisch, Tränen **Achtung:** Suchtgefahr
Nr. 17 Storch **Nr. 8 Sarg**	Füße, Beine
Nr. 21 Berg **Nr. 8 Sarg**	Man fühlt sich schwach durch Belastungen **oder:** Man sieht Einen großen Berg vor sich
Nr. 22 Weg **Nr. 8 Sarg**	Stress
Nr. 23 Ratte **Nr. 22 Weg** **Nr. 8 Sarg**	Angst vor neuen Wegen (Entscheidungen), die krank machen
Nr. 22 Weg **Nr. 23 Ratte**	Entscheidungen, neue Wege bringen Verluste und lösen Ängste aus
Nr. 23 Ratte **Nr. 8 Sarg**	Magen-Darmprobleme
Nr. 24 Herz **Nr. 8 Sarg**	Herz, Blutdruck, Kreislauf
Nr. 10 Sense **Nr. 24 Herz** **Nr. 8 Sarg**	**Achtung:** Plötzliche Gefahr Herz, Kreislauf, evtl. Operation

Nr. 25 Ring **Nr. 8 Sarg**	Nieren, Blase
Nr. 27 Brief **Nr. 8 Sarg**	Rezept, Überweisung usw.
Nr. 30 Lilie **Nr. 8 Sarg**	Nerven, Unterleib, Prostata
Nr. 31 Sonne **Nr. 8 Sarg**	Wechseljahre, Hitzeunverträglichkeit
Nr. 32 Mond **Nr. 8 Sarg**	Seelische Erkrankungen, Schlafstörungen
Nr. 33 Schlüssel **Nr. 8 Sarg**	Sehnen, Tennisarm, Gliederschmerzen
Nr. 34 Fische **Nr. 8 Sarg**	**Achtung:** Achten Sie auf Ihre Ernährung!
Nr. 35 Anker **Nr. 8 Sarg**	Angst vor tiefem Wasser, Venenprobleme, Ödeme, Wassereinlagerungen
Nr. 36 Kreuz **Nr. 8 Sarg**	Rückenschmerzen, Zukunftsängste

Kombinationen mit der Karte
Nr. 20 Garten

Nr. 11 Rute **Nr. 19 Turm** **Nr. 20 Garten** **Nr. 27 Brief**	Brief von einem Amt **oder** Strafzettel
Nr. 19 Turm **Nr. 20 Garten** **Nr. 34 Fische** **Nr. 14 Fuchs**	Finanzamt
Nr. 19 Turm **Nr. 20 Garten**	Arbeit in einem Amt **oder** in der Öffentlichkeit
Nr. 19 Turm **Nr. 20 Garten** **Nr. 13 Kind**	Jugendamt
Nr. 11 Rute **Nr. 19 Turm** **Nr. 20 Garten** **Nr. 6 Wolken**	**Vorsicht:** evtl. droht Gefängnis

Nr. 19 Turm **Nr. 20 Garten** **Nr. 11 Rute**	Justizbehörde
Nr. 19 Turm **Nr. 20 Garten** **Nr. 30 Lilie**	Sozialamt
Nr. 22 Weg **Nr. 23 Ratte**	**Vorsicht** vor neuen Wegen
Nr. 19 Turm **Nr. 11 Rute** **Nr. 15 Bär**	Rechtsanwalt
Nr. 19 Turm **Nr. 20 Garten** **Nr. 11 Rute** **Nr. 15 Bär**	Richter
Nr. 20 Garten **Nr. 19 Turm** **Nr. 8 Sarg**	Krankenhaus
***Nr. 34 Fische** **Nr. 16 Sterne** **Nr. 6 Wolken** **Nr. 20 Garten**	Börse, Spielbank usw., kein Gewinn
***Nr. 34 Fisch** **Nr. 16 Sterne** **Nr. 9 Blumen** **Nr. 20 Garten**	Börse, Spielbank usw., Glückssträhne

Kombinationen mit Personenkarten

PK **Nr. 11 Rute** **Nr. 14 Fuchs** **Nr. 23 Ratte**	**Vorsicht:** Hinterlistiges Verhalten, das Ärger und Verluste mit sich bringt
PK **Nr. 10 Sense** **Nr. 11 Rute**	Egoistische, sehr verletzende streitsüchtige Person
PK **Nr. 10 Sense** **Nr. 14 Fuchs** **Nr. 6 Wolken** **Nr. 11 Rute**	**Vorsicht:** Egoistische rücksichtslose, unehrliche, streitsüchtige Person
PK **Nr. 16 Sterne** **Nr. 26 Buch**	Hellseherische Begabung
PK **Nr. 16 Sterne** **Nr. 32 Mond** **Nr. 33 Schlüssel**	Einfühlsame, hellseherische Tätigkeit
PK **Nr. 12 Vögel** **Nr. 6 Wolken**	Wankelmütige Person
PK **Nr. 32 Mond** **Nr. 16 Sterne**	Meditation. Spiritualität

PK **Nr. 7 Schlange** **Nr. 1 Reiter** **Nr. 14 Fuchs**	Hüten Sie sich vor einer älteren "falschen" Freundin
PK **Nr. 13 Kind** **Nr. 1 Reiter** **Nr. 14 Fuchs**	Hüten Sie sich vor einer jüngeren "falschen" Freundin
PK **Nr. 15 Bär** **Nr. 1 Reiter** **Nr. 14 Fuchs**	Hüten Sie sich vor einem älteren "falschen" Freund
PK **Nr. 18 Hund** **Nr. 1 Reiter** **Nr. 14 Fuchs**	Hüten Sie sich vor einem jüngeren "falschen" Freund
PK ***Nr. 19 Turm** **Nr. 14 Fuchs** **Nr. 3 Schiff**	Die Person drückt sich vor der Arbeit

Eigenschaften einer Person:

Die Eigenschaften werden durch die Personenkarte und die direkt anschließenden Karten angezeigt.

PK **Nr. 1 Reiter**	diese Person ist gesprächig und sportlich
PK **Nr. 2 Klee**	diese Person ist glücklich und positiv eingestellt
PK **Nr. 3 Schiff**	diese Person will frei sein, ist reiselustig
PK **Nr. 4 Haus**	diese Person ist häuslich veranlagt, liebt sein Zuhause, fühlt sich dort geborgen, ist auf ein gemütliches Heim bedacht
PK **Nr. 5 Baum**	diese Person ist auf Sicherheit bedacht, liebt die Natur und geht gerne hinaus
PK **Nr. 6 Wolken**	diese Person ist undurchschaubar, unsicher und zuweilen launisch
PK **Nr. 7 Schlange**	diese Person ist clever erfahren **und / oder** raffiniert
PK **Nr. 8 Sarg**	diese Person ist in sich gekehrt, fühlt sich unwohl, **oder** ist kränklich

PK **Nr. 9 Blumen**	diese Person ist herzlich, höflich, harmonisch, ausgeglichen und charmant
PK **Nr. 10 Sense**	diese Person ist durchsetzungsfähig, kompromisslos und dominant
PK **Nr. 11 Rute**	diese Person ist streitsüchtig
PK **Nr. 12 Vögel**	diese Person ist in Gedanken versunken **oder** macht sich Gedanken & Sorgen, denkt sehr viel
PK **Nr. 13 Kind**	diese Person ist jugendlich **oder** kindlich und naiv
PK **Nr. 14 Fuchs**	diese Person ist clever, raffiniert **und / oder** lügt
PK **Nr. 15 Bär**	diese Person ist stark und kräftig **oder** eine Führungspersönlichkeit
PK **Nr. 16 Sterne**	diese Person ist sensibel, hellsichtig, hat nahe am Wasser gebaut
PK **Nr. 17 Storch**	diese Person ist wankelmütig **oder** offen für Veränderungen

PK **Nr. 18 Hund**	diese Person ist treu, wachsam
PK **Nr. 19 Turm**	diese Person ist mit ihrer Arbeit verbunden, Workaholic
PK **Nr. 20 Garten**	diese Person braucht Publikum **oder** steht in der Öffentlichkeit
PK **Nr. 21 Berg**	diese Person ist gehemmt, blockiert, behindert sich selbst
PK **Nr. 22 Wege**	diese Person ist gestresst, und sucht nach Lösungen
PK **Nr. 23 Ratte**	diese Person ist ängstlich, fühlt sich sehr unwohl
PK **Nr. 24 Herz**	diese Person ist freundlich und herzlich
PK **Nr. 25 Ring**	diese Person ist gebunden
PK **Nr. 26 Buch**	diese Person ist geheimnisvoll **oder** hütet ein Geheimnis
PK **Nr. 27 Brief**	diese Person ist offen und kontaktfreudig

PK (Nr.29) **Nr. 28 Mann**	diese Person denkt viel an ihren Partner
PK (Nr.28) **Nr. 29 Frau**	diese Person denkt viel an seine Partnerin
PK **Nr. 30 Lilie**	diese Person ist charmant, und reizend (erotisierend)
PK **Nr. 31 Sonne**	diese Person ist feurig und kraftvoll, stellt sich gerne zur Schau
PK **Nr. 32 Mond**	diese Person ist gefühlsbetont
PK **Nr. 33 Schlüssel**	diese Person ist kraftvoll, aktiv, lebendig und wendig
PK **Nr. 34 Fische**	diese Person ist materiell veranlagt
PK **Nr. 35 Anker** o	diese Person ist tiefblickend und will alles festhalten
PK **Nr. 36 Kreuz**	diese Person ist gläubig **oder** zukunftsorientiert

Kombinationen mit der Karte
Nr. 30 Lilie

Nr. 30 Lilie **Nr. 23 Ratte**	Enthaltsamkeit
Nr. 30 Lilie **Nr. 11 Rute** **Nr. 14 Fuchs**	Neid. Missgunst
Nr. 30 Lilie **Nr. 9 Blumen** **Nr. 32 Mond**	Harmonische Sexualität
Nr. 10 Sense **Nr. 30 Lilie** **PK**	Plötzliches erotisches Verlangen nach PK
Nr. 30 Lilie **Nr. 11 Rute**	Verbreitet Hektik und Streit
Nr. 10 Sense **Nr. 14 Fuchs** **Nr. 30 Lilie** **Nr. 33 Schlüssel** **Nr. 23 Ratte**	Vergewaltigung

PK ***Nr. 24 Herz** **Nr. 30 Lilie** **PK**	Eine erotische Liebe zwischen den Partnern
PK ***Nr. 24 Herz** **Nr. 30 Lilie** **Nr. 33 Schlüssel** **PK**	Eine große, erotische, sexuelle Liebe zwischen den Partnern
Nr. 17 Storch **Nr. 30 Lilie** **Nr. 13 Kind** **Nr. 33 Schlüssel**	Schwangerschaft
Nr. 17 Storch **Nr. 30 Lilie** **Nr. 13 Kind** **Nr. 33 Schlüssel** **Nr. 23 Ratte**	Das Kind wird nicht ausgetragen

Bemerkung:
Nr. 30 Lilie + Nr. 33 Schlüssel = sexuelle Aktivitäten

Kombinationen mit den Karten
Nr. 3 Schiff und Nr. 35 Anker

Länder:

Nr. 35 Anker **Nr. 32 Mond**	nördliches Land
Nr. 35 Anker **Nr. 31 Sonne**	südliches Land
Nr. 3 Schiff **Nr. 21 Berg**	in den Bergen Inland
***Nr. 35 Anker** **Nr. 16 Sterne**	Meer
Nr. 35 Anker **Nr. 16 Sterne** **Nr. 32 Mond**	nördliches Meer
Nr. 35 Anker **Nr. 16 Sterne** **Nr. 31 Sonne**	südliches Meer

Tipp: Nr. 16 Sterne = bedeuten auch Tränen / Wasser

Kombinationen mit
Nr. 3 Schiff, Nr. 35 Anker, Nr. 17 Storch

Nr. 3 Schiff **Nr. 35 Anker** **Nr. 17 Storch**	Flugreise ins Ausland
Nr. 3 Schiff **Nr. 35 Anker** **Nr. 17 Storch** **Nr. 31 Sonne**	Flugreise in den Süden
Nr. 3 Schiff **Nr. 35 Anker** **Nr. 17 Storch** **Nr. 32 Mond**	Flugreise in den Norden

Tipp:

Die folgenden Kombinationen sollten Sie sich besonders gut einprägen:

Nr. 3 Schiff	Inland
Nr. 35 Anker	Ausland
Nr. 3 Schiff **Nr. 17 Storch**	Flugreise (Inland)
	aber
Nr. 3 Schiff **Nr. 35 Anker** **Nr. 17 Storch**	Flugreise (Ausland)

Achtung: Zusätzliche Interpretationsmöglichkeit:

Nr. 17 Storch **Nr. 33 Schlüssel**	Auto
Nr. 3 Schiff **Nr. 17 Storch** **Nr. 33 Schlüssel**	Autofahrt oder Reise im Inland
Nr. 3 Schiff **Nr. 35 Anker** **Nr. 17 Storch** **Nr. 33 Schlüssel**	Autofahrt ins Ausland

Gefahrenkombinationen
Nr. 23 Ratte

Gefahren aller Art werden durch die Karte ***Nr. 23 Ratte*** angezeigt. Die Rattenkarte am Ende einer Kombination ist stets mit **unangenehmen Begebenheiten**, **Gefahr** oder mit **Krankheit** verbunden:

(Siehe wichtiger Hinweis Seite 33)

Nr. 10 Sense **Nr. 14 Fuchs** **Nr. 23 Ratte**	**Vorsicht:** Plötzlicher Verlust
Nr. 17 Storch **Nr. 31 Schlüssel** **Nr. 23 Ratte**	**Vorsicht:** Achtung beim Autofahren!
Nr. 14 Fuchs **Nr. 23 Ratte**	Diebstahl
Nr. 35 Anker **Nr. 17 Storch** **Nr. 23 Ratte**	**Vorsicht:** Gefahr auf einer Flugreise

Nr. 11 Rute **Nr. 19 Turm** **Nr. 20 Garten** **Nr. 6 Wolken** **Nr. 23 Ratte**	**Vorsicht:** Eventuell droht Gefängnis
Nr. 10 Sense **Nr. 11 Rute** **Nr. 14 Fuchs** **Nr. 23 Ratte**	**Vorsicht**: Diebstahl oder Einbruch, etwas geht verloren
Nr. 3 Schiff **Nr. 17 Storch** **Nr. 33 Schlüssel** **Nr. 23 Ratte**	Reise mit dem Auto im Inland Vorsicht bei der Reise!
Nr. 35 Anker **Nr. 17 Storch** **Nr. 33 Schlüssel** **Nr. 23 Ratte**	Reise mit dem Auto im oder ins Ausland, Vorsicht bei der Reise
Nr. 34 Fische **Nr. 14 Fuchs** **Nr. 23 Ratte**	Diebstahl Geld wird gestohlen
Nr. 25 Ring **Nr. 14 Fuchs** **Nr. 6 Wolken** **Nr. 23 Ratte**	Diebstahl *Schmuck wird gestohlen

(***Nr. 25 Ring** = Ehe kann auch Schmuckstück sein)

Sonstige Kombinationen

Nr. 1 Reiter **Nr. 14 Fuchs**	Klatsch und Tratsch
Nr. 1 Reiter **Nr. 14 Fuchs** **Nr. 6 Wolken**	Unaufrichtige Gespräche, nicht durchschaubare Gespräche
Nr. 16 Sterne **Nr. 8 Sarg** **Nr. 23 Ratte**	Schwarze Magie
Nr. 16 Sterne **Nr. 31 Sonne**	Weiße Magie
Nr. 31 Mond **Nr. 6 Wolken** **Nr. 35 Anker**	Medium
Nr. 16 Sterne **Nr. 26 Buch** **Nr. 35 Anker**	Hellseherische Begabung
Nr. 10 Sense **Nr. 1 Reiter** **Nr. 31 Rute**	Plötzlich heftige Streitgespräche
Nr. 17 Storch **Nr. 31 Schlüssel** **Nr. 11 Rute** **Nr. 8 Sarg**	Schwierigkeiten mit dem Auto, **auch:** Vorsicht beim Auto fahren!

Nr. 18 Hund **Nr. 14 Fuchs** **Nr. 6 Wolken**	Hüten Sie sich vor einem falschen Freund!
Nr. 7 Schlange **Nr. 14 Fuchs** **Nr. 6 Wolken**	Eine ältere Frau ist mit Vorsicht zu genießen
Nr. 6 Wolken **Nr. 13 Kind** **Nr. 14 Fuchs**	Vorsicht vor naivem Verhalten!
Nr. 15 Bär **Nr. 25 Ring** **Nr. 7 Schlange**	ein ältere Ehepaar
Nr. 12 Vögel **Nr. 23 Ratte**	zu viele negative Gedanken schlagen auf den Magen
Nr. 10 Sense **Nr. 1 Reiter** **Nr. 31 Rute** **Nr. 23 Ratte**	Plötzlich heftige Streitgespräche, die in Handgreiflichkeiten ausarten können
***Nr. 19 Turm** **Nr. 20 Garten** **Nr. 6 Wolken**	Gefängnis
***Nr. 19 Turm** **Nr. 20 Garten** **Nr. 6 Wolken** **Nr. 2 Klee**	Gefängnis für kurze Zeit

Schlusswort

Selbst geübte Kartenleger neigen dazu, gerade selten gebrauchte Kombinationen immer wieder einmal zu übersehen oder gar zu vergessen.
Glücklicherweise hängt der Erfolg im Umgang mit den Karten nicht allein von der richtigen Anwendung der Kombinationen, sondern nicht zuletzt von Ihrer Erfahrung und Ihrer Intuition ab.
Dies bedeutet, dass Sie Kombinationen das eine oder andere Mal guten Gewissens übergehen dürfen, wenn diese innerhalb Ihrer Deutung wenig Sinn zu ergeben scheinen.

Des Weiteren können Sie sich mit jedem Mal, dass Sie die Karten auslegen, besser auf Ihre Intuition und Ihr eigenes Kombinationsvermögen verlassen.

So werden Sie Zusammenhänge innerhalb der Kartenreihen mit jedem Mal ein wenig sicherer und besser erkennen können.

Hüten Sie sich allerdings davor, die in diesem Buch vorgestellten Kombinationen allzu leichtfertig abzutun und nicht gut genug zu lernen.
Erst wenn Sie die Kombinationen vollständig verinnerlicht haben, werden Sie auch in der Lage sein, abzuschätzen, ob sie in der jeweiligen Deutung gerade einen Sinn ergeben oder nicht.

Ich wünsche Ihnen in jedem Fall wie immer viel Spaß und Erfolg im Umgang mit Ihren Karten.

Ihre Britta

Neuerscheinungen 2007

Der große Selbstlernkurs

nach Art der Madame Lenormand

Die vorliegende Neuausgabe in einem Band enthält Übungen und Illustrationen der Lehrbücher I-IV, ist jedoch aktualisiert und um ein Vielfaches erweitert worden.
Auf diese Weise erarbeiten wir uns gemeinsam Schritt für Schritt eine solide Basis, die Ihnen auf Ihrem Weg zum professionellen Kartenlegen eine große Hilfe sein wird. Auf jede Übung folgt meine eigene Interpretation. Beispiele geben Ihnen nun die Chance, Ihr Können innerhalb eines größeren Sachzusammenhanges anzuwenden und Ihr neu erworbenen Fähigkeiten zu vertiefen

Übungsbuch

nach Art der Madame Lenormand

Die Übungen im vorliegenden Band eignen sich sowohl für die Arbeit mit dem großen Selbstlernkurs, Kompaktkurs, als auch mit den Lehrbüchern 1-7, zum Fernkurs oder zu meinen Seminaren können sie begleitend eingesetzt werden.
Wer sich intensiv mit dem Kartenlegen befasst, möchte irgendwann auch einen Punkt erreichen, an dem es ihm möglich ist, selbständig und ohne größere Schwierigkeiten eine sinnvolle Aussage über eine Situation und deren mögliche Ausgänge machen zu können.
Wie in den meisten Fällen kann auch beim Kartenlegen nicht genug darauf hingewiesen werden, wie wichtig stetes Üben für das Erreichen dieser Sicherheit ist.
Zahlreiche Übungen werden Ihnen helfen, ein besseres Gespür für Ihre Karten zu bekommen und nach und nach ein Gefühl für die richtige, nämlich die der jeweiligen Situation angepasste, Bedeutung einer Karte, einer Kartenreihe, oder letzten Endes eines ganzen Tableaus zu bekommen.

Brittas Wahrsagekarten mit Begleitbuch

- Jede Karte wird ausführlich erklärt und gedeutet, anhand des exklusiv für Britta gestalteten außergewöhnlichen Karten-decks
- Viele zusätzliche Anregungen und Denkanstöße.
- Zuordnungen zu Sternzeichen, Edelsteinen, Farben, Chakren, Berufen und Eigenschaften
- Zeitkarten sind mit einer Uhr gekennzeichnet, Zukunftskarten mit einem Auge.

Bei Interesse an Seminaren und Fernkursen –

- Madame Lenormand leicht erlernbar
- Tarot leicht erlernbar
- Kipperkarten leicht erlernbar
- Zigeuner-Wahrsagekarten leicht erlernbar

www.kartenlegekurse.de:
Britta Kienle Telefon: 0711 316 7200

Sofortiges Kartenlegen
0900 57 66 20 400 – Euro 1,49/min
v.dt.Festnetz ggf. abweichenden Preis aus dem Mobilfunknetz)
(Preise vom Jahr 2009)

Empfehlenswerte Zusatzbücher zum Selbstlernkurs

Das Interpretieren lernen, die Kombinationen auf einen Blick erkennen, weitere Legesysteme und Deutungsmethoden.

Lehrbücher (Zur Vertiefung des Kartenlegens)

Sie wollen tiefer in das Kartenlegen eindringen, mehr Wissen sammeln und sich vielleicht sogar selbständig machen?

Ergänzungsbücher zum Kartenlegen (auch zu anderen Kartendecks einsetzbar)

Sie haben eine schnelle Frage, wie z.B.

- Wie sieht es heute mit meiner Stimmung, Laune aus?
  *Ziehen Sie eine Stimmungskarte
- Wie soll man auf einen Disput reagieren?
  *Ziehen Sie auf die Frage eine Ergänzungskarte
- Weshalb ist etwas geschehen?
  *Ziehen Sie eine Zigeunerkarte, um die Antwort zu erhalten.

Übersicht: Brittas bewährtes Lehrsystem

Der große Selbstlernkurs - Grund- und Aufbaukurs

Als Hobby, Neben- oder Hauptberuf
NEU: Der große Selbstlernkurs

Das große **Übungsbuch** zum Kompaktkurs, Fernkurs, **großen Selbstlernkurs** und zu den Lehrbüchern I-III

Empfehlenswerte Zusatzbücher zum Selbstlernkurs

Interpretations-hilfe

Kombinationen auf einen Blick

Legesysteme mit Fallbeispielen

Professionelles Kartenlegen

Hilfsmittel, Tipps Techniken, Fakten und Tricks **zur Selbständigkeit**

Grundstein für eine **eigene Existenz als** Kartenleger/in

Ratgeber&Übungsbuch für professionelle **Beratungsgespräche** Kartenbilder und ihre Deutungen

Ergänzungsbücher zum Kartenlegen

Genaue Analyse der Tagesstimmung **Stimmungsbuch plus Karten**

Die Frage nach der Ursache „WARUM? **Zigeunerbuch plus Karten**

WIE soll ich reagieren? **Ergänzungsbuch plus Karten**